W0237112

POKÉMON

GUÍA NO OFICIAL PARA HACERTE CON TODOS

GO

POKÉMON

GUÍA NO OFICIAL PARA HACERTE CON TODOS

GO

Planeta Junior

Editorial Planeta, S.A., 2016
Avda. Diagonal, 662-664, 08034 Barcelona
www.planetadelibrosinfantilyjuvenil.com
www.planetadelibros.com

Maquetación: Keiko Pink & the bookcrafters
Primera edición: octubre de 2016
ISBN: 978-84-08-16352-7
Depósito legal: B. 20.359-2016
Impreso en España – *Printed in Spain*

Este libro, basado en la aplicación Pokémon GO, es una guía no oficial que no está autorizada ni promocionada por The Pokémon Company International, Nintendo of America, Inc., Nintendo/Creatures, Inc., Niantic, ni ninguna otra persona o entidad propietaria de los derechos del nombre, de la marca o del copyright Pokémon GO.

No se permite la reproducción total o parcial de este libro, ni su incorporación a un sistema informático, ni su transmisión en cualquier forma o por cualquier medio, sea éste electrónico, mecánico, por fotocopia, por grabación u otros métodos, sin el permiso previo y por escrito del editor. La infracción de los derechos mencionados puede ser constitutiva de delito contra la propiedad intelectual (Art. 270 y siguientes del Código Penal).
Diríjase a CEDRO (Centro Español de Derechos Reprográficos) si necesita fotocopiar o escanear algún fragmento de esta obra. Puede contactar con CEDRO a través de la web www.conlicencia.com o por teléfono en el 91 702 19 70 / 93 272 04 47.

El papel utilizado para la impresión de este libro es cien por cien libre de cloro y está calificado como papel ecológico.

¡Bienvenido, entrenador!

Tanto si acabas de capturar tu primer Pokémon como si ya cuentas con varios cientos y necesitas perfeccionar tus habilidades de entrenador, ¡esta guía está hecha para ti!

En las siguientes páginas podrás consultar desde las nociones más básicas de Pokémon GO, empezando por cómo funciona la interfaz del juego o cuáles son los tipos de lanzamientos de una poké ball, hasta lo necesariamente específico, como los valores ocultos que determinan el poder de un Pokémon o los mejores ataques básicos y especiales para defender tus gimnasios de entrenadores rivales.

En el caso de que acabes de aterrizar en el universo Pokémon, te recomiendo que sigas las secciones de manera cronológica. Si por el contrario eres de los que busca conocimientos más concretos, ten presente que los apartados de esta guía se han escrito con un sentido independiente, así que no tengas miedo de avanzar hasta el que más te interese.

Dicho esto, ¡entremos en materia! Las calles se han llenado de Pokémon salvajes y los establecimientos de toda la vida se han convertido en poképaradas repletas de objetos. Tres grandes equipos se han hecho con el control de los gimnasios Pokémon y todos quieren llegar a ser el mejor entrenador. ¡No hay tiempo que perder! Desentraña los misterios de Pokémon GO, conviértete en el líder de gimnasio más temido y captura a los 151 Pokémon con la ayuda de esta guía.

Cortesía de Santiluadog desde la Sagrada Familia, Barcelona.

2.1. Nociones básicas del juego: la interfaz

Una vez termines de personalizar el avatar y hayas superado el brevísimo tutorial con el que empieza Pokémon GO, tu personaje aparecerá en un mapa virtual similar al de Google Maps. Sobre este escenario se reflejan las calles de la ciudad o el pueblo en el que te encuentres, distinguiendo a simple vista el terreno que pertenece a un bloque de pisos, las carreteras o hasta las superficies de agua como los ríos y el mar.

1: Brújula
2: Gimnasio
3: Poképarada
4. Perfil
5. Menú principal
6. Pastilla de cercanía

En la interfaz aparecerán los siguientes elementos:

1. **Brújula:** con este pequeño instrumento puedes alterar ligeramente la forma en la que visualizas el mapa. Al tocarla cambiarás entre el modo de cámara fija y el de rotación siguiendo la dirección en la que apunta tu móvil o tableta.

2. **Gimnasios:** lo más importante que debes saber sobre ellos es que son los campos de batalla donde demostrarás tu valía como entrenador Pokémon. Están esparcidos aleatoriamente por el mapa, y encontrarás más en ciudades y

núcleos urbanos, especialmente en los lugares más emblemáticos, como monumentos, parques o grandes avenidas. Por el contrario, escasearán en rincones remotos, como bosques o poblaciones muy pequeñas.

Como no podrás participar en las batallas que allí se libran hasta que alcances el nivel 5 y

CONSEJOS DE UN ENTRENADOR A OTRO

— No podrás recoger los objetos de una parada si pasas muy rápido por ella, por ejemplo, montado de copiloto en un coche o de viaje en tren.

— Si montas en bici o eres el afortunado pasajero de un autobús que circula a poca velocidad, el siguiente truco te será muy útil: para que te dé tiempo a recoger varias paradas seguidas, una vez estés al alcance de la poképarada y accedas a ella, no recojas los objetos manualmente presionando sobre ellos. Prueba a tocar la cruceta que aparecerá en la parte inferior del disco y, después de haberlo girado, se recogerán de forma automática.

— ¡Visítalas todas! Nunca será una mala idea pasarte por una poképarada, incluso cuando en el inventario de tu mochila no haya más espacio y no puedas deshacerte de nada, porque el mero hecho de tocarla mientras estás al alcance te proporcionará experiencia.

— Cuando visites 10 poképaradas seguidas con un intervalo máximo de 10 minutos entre ellas, la décima siempre te dará 6 o más objetos, y experiencia extra.

— En la página web de Niantic puedes reclamar una poképarada si en tu localidad no hay ninguna cerca (o pedir que la eliminen, si todas las tardes una manada de extraños se acerca demasiado a tu jardín). No obstante, no esperes encontrar una al día siguiente. De hecho, que se sepa, nadie ha recibido una todavía, así que por el momento es como colocarse de espaldas a una fuente y tirar una moneda.

te unas a un equipo (azul, rojo o amarillo), retomaremos el tema más adelante, en la sección «4.9. Conquistando gimnasios».

3. **Poképaradas:** también diseminadas por el mapa, y con la misma preferencia por los núcleos urbanos que los gimnasios, estos cubos azules se convertirán muy pronto en tu segundo hogar. ¿El motivo? ¡Los objetos que te regalan!

Cuando te acerques lo suficiente a una poképarada, podrás recoger objetos que te ayudarán, entre otras cosas, a capturar y sanar a tus Pokémon. (Poké balls, pociones, revivir, bayas frambu y huevos para incubar). Para ello, en el momento en el que estés dentro del alcance, pulsa sobre ella y haz girar hacia un lado la moneda que aparezca. Una vez hayas recogido los objetos, la parada se volverá morada durante 310 segundos (o lo que es lo mismo: 5 minutos y 10 segundos). Cuando vuelva al azul inicial, la poképarada volverá a regalarte poké balls y pociones al tocarla y girar su disco.

Pronto descubrirás que, a medida que subes de nivel, desbloqueas nuevos objetos. Por eso mismo, ¡no esperes encontrar una master ball en los primeros niveles!

4. **Perfil:** mediante el marco del avatar accederás a los datos

CONSEJOS DE UN ENTRENADOR A OTRO

Corre por ahí el rumor de que las insignias que aparecen en tu perfil pueden terminar siendo el pasaporte de entrada a algunos de los eventos que organizará en el futuro la compañía. Aunque, en cualquier caso, siempre es divertido conocer la distancia total que has recorrido (¡para la medalla de oro se necesitan recorrer 1.000 kilómetros!) o el número total de Pokémon que te has agenciado, por ejemplo.

personalizados de tu progreso en Pokémon GO: nivel, experiencia restante hasta el siguiente nivel, un diario con información de los últimos Pokémon y poképaradas con los que has interactuado, la fecha en la que empezaste a jugar, tus pokémonedas, el equipo al que perteneces y las 24 insignias que puedes obtener desde bronce hasta oro.

5. **Menú principal:** a través de esta simpática poké ball, llegarás al menú más importante del juego, desde donde se pueden gestionar los siguientes elementos:

- **Pokédex:** echa un vistazo rápido a los 151 Pokémon, lee sobre cada uno de ellos, infórmate de cuántas veces has capturado a uno en concreto o si existe la evolución de ese Pokémon (si no lo has capturado antes, aparecerá su silueta. Una rápida búsqueda en internet de los Pokémon de la primera generación te permitirá saber de cuál se trata).

- **Tienda:** Pokémon GO es una aplicacion totalmente gratuita y no es necesario pagar para conseguir ningún objeto que no se obtenga como recompensa por llegar a determinados niveles o mediante poképaradas. No obstante, antes de que te des cuenta, te quedarás sin unidades de incienso o módulos cebo; objetos que no son imprescindibles, pero que te facilitarán el camino en gran medida.

En comparación con otras aplicaciones móviles del estilo, los precios de Pokémon GO son muy asequibles. El truco, como siempre, está en comprar la mayor cantidad del objeto en cuestión para que, proporcionalmente, ahorres algo de dinero. Es decir, que si el bolsillo te lo permite, en vez de gastar 100 pokémonedas en 20 poké balls, utiliza 800 pokémonedas para hacerte con 200 unidades.

Además de objetos consumibles, la tienda te permite ampliar el espacio en tu mochila para poder guardar más ítems o incrementar la cantidad de Pokémon que puedes tener sin necesidad de acudir al profesor Willow.

- **Pokémon:** dispones de este apartado para gestionar a tus Pokémon y consultar sus características. Desde aquí podrás ordenarlos alfabéticamente, según su número correspondiente en la pokédex o según su fuerza, por ejemplo. Además, verás las características esenciales de tus Pokémon, como sus puntos de salud y de combate y los ataques especiales que son capaces de llevar a cabo. Podrás consultar el

Cortesía de Jorjokachu desde La Línea de la Concepción.

CONSEJOS DE UN ENTRENADOR A OTRO

No olvides que puedes cambiar el nombre de tu Pokémon si presionas en el lápiz que hay junto al nombre que viene por defecto. ¡Piensa un nombre que le dé más personalidad a tu Pokémon y enséñaselo al resto cuando lo asignes para defender un gimnasio amigo!

día y el lugar en que los capturaste, o incluso su peso y su altura. También podrás mejorar sus propiedades cuando tengas los suficientes caramelos y polvoestelar.

Si te desplazas hasta la pestaña de la derecha, dentro de la misma sección, te toparás con un montón de huevos de Pokémon. Pero de esta guardería hablaremos más adelante (en el apartado «2.2.10. Incubadora y huevos de Pokémon»), cuando te explique una de las formas más útiles para hacerte con especies raras en Pokémon GO.

- **Objetos:** revisa aquí, entre otras muchas cosas, la cantidad de poké balls que te quedan o la capacidad de curación de tus pociones.

Recuerda que deberás utilizar los objetos a través de esta pestaña, o eliminarlos cuando llegues al número máximo de objetos en tu mochila (350 por defecto). De este modo puedes conti nuar recolectando otros objetos que sí necesitas.

- **Opciones de configuración:** por último, en el menu principal podrás encontrar modos de ahorrar batería (lo cual hace que la pantalla del móvil se vuelva oscura al inclinarlo), opciones de sonido, podrás cambiar de nombre solo una vez y, lo más importante, podrás salir de la cuenta, en caso de que quieras empezar desde cero o tener varias cuentas.

6. **Pastilla de cercanía:** este es tu radar, la forma de saber si te aproximas a un Pokémon raro o al Pidgey de todos los días. A medida que te muevas por el mapa, la pastilla mostrará una silueta (en el caso de que no lo hayas capturado aún) o la imagen en color de los Pokémon más cercanos. También te darás cuenta de que centellea de vez en cuando, lo que significa que alguno de los Pokémon del radar ha cambiado su posición respecto a ti; es decir, te has acercado o alejado, o tal vez haya entrado en tu perímetro uno nuevo. Para saber qué otros Pokémon te rodean, presiona en la pastilla para ver una lista de hasta 9 Pokémon que se encuentran a tu alrededor. ¡Los más cercanos estarán a la izquierda y arriba del radar!

2.2. Nociones básicas del juego: los objetos

Ya te he contado que los objetos te acompañarán a lo largo de tu aventura como entrenador pokémon, facilitándote la tarea de luchar en gimnasios, capturar Pokémon o incluso para subir rápidamente de nivel. La mala noticia es que no vas a tener acceso a todos ellos desde un principio. Así que mejor empezamos por ver en qué niveles se desbloquean y luego veremos cuáles son sus usos.

	Huevo	Desde el principio
	Súper ball	Nivel 12
	Hiperpoción	Nivel 15
	Poción Máxima	Nivel 25
	Revivir máximo	Nivel 30
	Poké ball	Desde el principio
	Poción	Nivel 5
	Baya Frambu	Nivel 8
	Revivir	Nivel 5
	Superpoción	Nivel 10
	Ultra ball	Nivel 20

2.2.1. Poké ball: tu mejor amiga y, a veces, tu peor pesadilla. Aunque lanzarla parezca pan comido, este objeto te dará más de un quebradero de cabeza: gastarás más de la cuenta atrapando Pokémon y, a medida que subas de nivel, los Pokémon serán más difíciles de capturar: ya dentro de la poké ball, se escaparán con frecuencia y terminarán huyendo si no los capturas rápido. Aun así, ¡no todo está perdido! Desbloquearás poké balls más poderosas y el índice de captura mejorará: así, al utilizar una súper ball será más probable que el Pokémon no se escape, y mucho mejor si utilizas una ultra ball. (Aún se desconoce cómo desbloquear la master ball, pero se cree que tendrá un índice de captura del 100 %).

¡Recoléctalas en las poképaradas o haz una visita a la tienda! Y si lo que buscas es aprender ahora mismo cómo lanzarlas, avanza hasta la sección «3.3.3. Lanzamientos de poké ball».

2.2.2. Poción: utiliza este objeto para sanar a tus Pokémon después de un combate de gimnasio. Del mismo modo que con las poké balls, las pociones mejorarán a medida que subas de nivel, y el único modo de hacerse con ellas es visitar poképaradas. No obstante, a no ser que emplees todo tu tiempo en batallas de gimnasio, en tu inventario difícilmente escaseará este objeto.

2.2.3. Revivir: es imprescindible para poner en pie a tus Pokémon debilitados y devolverles la mitad de sus puntos de salud (PS). Solo te verás obligado a utilizarlo cuando luches por el control de un gimnasio y tus Pokémon caigan derrotados a manos de un entrenador rival.

De la misma forma que con las pociones, deshazte de este objeto cuando no te quede más espacio en el inventario. ¡Siempre podrás recoger más en las poképaradas!

2.2.4. Huevo suerte: el uso de este objeto es muy simple. Cuando lo utilices, doblará la cantidad de experiencia que recibas durante 30 minutos. Sin embargo, es también uno de los objetos más

CONSEJOS DE UN ENTRENADOR A OTRO

No tengas miedo de tirar algunas pociones para hacer espacio en tu mochila. Solo tienes que pulsar el icono con forma de basura que aparece en la esquina superior derecha del objeto y escoger el número de unidades que quieres eliminar.

codiciados, pues es fundamental para subir rápidamente de nivel.

Consíguelo como recompensa al llegar a ciertos niveles o en la tienda por unas cuantas pokémonedas. Para utilizarlo, pulsa sobre él y en la siguiente pantalla lánzalo hacia arriba.

2.2.5. Caramelos y polvoestelar: ambos se consiguen cada vez que atrapas un Pokémon. Por un lado, cuando captures un Pidgey, por ejemplo, recibirás 3 caramelos Pidgey. Ten también en cuenta que las evoluciones proporcionan caramelos de la primera forma. Es decir, que si capturas un Pidgeotto o un Pidgeot, recibirás a cambio 3 caramelos Pidgey. Y lo mismo sucede cuando transfieres a uno de estos Pokémon, aunque por ello solo recibes 1 caramelo Pidgey.

Por otro lado, el polvoestelar no depende de la clase de Pokémon, sino que lo conseguirás por igual (100 unidades) cada vez que captures un Pokémon.

Otra forma en la que conseguirás caramelos y polvoestelar es al eclosionar los huevos de la incubadora. Obtendrás 2.000 unidades de polvoestelar y un número variable de caramelos, dependiendo de la distancia que haga falta para eclosionar el huevo y de un factor aleatorio.

Existe un último modo de hacerse con polvoestelar: cuando reclames la recompensa por ser el líder de un gimnasio a través del emblema de la tienda, por cada Pokémon asignado recibirás 500 unidades de polvoestelar. También recibirás caramelos al transferir Pokémon, algo que deberías hacer cuando los puntos de combate (PC) de algún Pokémon se queden muy atrás respecto al resto de tu elenco y ya no te sirvan para luchar o defender gimnasios. Esto se hace desde el menú de «Pokémon», apretando en la imagen de alguno de ellos, después en el menú inferior derecho y, por último, en «Transferir».

«Pero ¿para qué sirven?», te preguntarás. Muy bien... veo que prestas atención. ¡Me olvidaba de lo más importante!

La función de los caramelos es evolucionar a las formas primarias hasta la segunda o la tercera forma, si es que existe (la cantidad requerida varía, desde los 12 caramelos de un Pidgey a los 400 de un Magikarp). El polvoestelar y los caramelos serán necesarios también para mejorar a los Pokémon, aumentando sus puntos de salud (PS) y de combate (PC).

2.2.6. Incienso: este objeto se utiliza como el huevo suerte, dura también 30 minutos y lo conseguirás como recompensa por subir de nivel, o deberás comprarlo en la tienda.

Mientras estés bajo el efecto de su seductora fragancia, los Pokémon cercanos acudirán a ti con mayor frecuencia. Un mínimo de 1 Pokémon cada 5 minutos si estás quieto y 1 cada minuto o 200 metros

si te estás moviendo. Por eso, si lo usas, ¡muévete!

2.2.7. Módulo cebo: este objeto también dura media hora y se consigue como recompensa de nivel o comprándolo en la tienda. Sin embargo, a diferencia de los inciensos, se utiliza directamente en las poképaradas. Cuando estés cerca de una, toca en el rectángulo que aparece sobre el disco y luego lanza hacia arriba tu módulo cebo. ¡Listo! A partir de ahora acudirán más Pokémon de lo habitual.

Aprovecha para ahorrar varios cebos o ir con amigos y utiliza el objeto sabiamente en un punto en el que se junten al menos 2 o 3 cebos. Es decir, un punto en el que puedas recoger los objetos de las poképaradas sin moverte o teniendo que moverte muy poco, y ¡así estarás dentro del rango que atrae a los Pokémon de varios cebos y no pararás de capturarlos!

2.2.8. Baya frambu: lánzasela a los Pokémon para que sea más sencillo atraparlos. Antes de usar la poké ball, ve a tu mochila, presiona encima de la baya y úsala empujándola hacia el Pokémon.

Siempre que topes con un Pokémon raro o con muchos puntos de combate (PC) y quieras hacerte con él, utiliza la baya frambu sin pensártelo dos veces. Si después de hacerlo aciertas con la poké ball y aun así se escapa, deberás utilizar otra si quieres que el efecto persista para tu próximo lanzamiento.

CONSEJOS DE UN ENTRENADOR A OTRO

Cuando salgas a por Pokémon, fíjate en las poképaradas rodeadas de pétalos que aparecen por el mapa. Eso significa que alguien ha utilizado un módulo cebo. ¡Acércate y aprovecha para capturar Pokémon! De vez en cuando, sé tú el que colabora usando uno. ¡Ya verás como un tropel de entrenadores acuden a tu zona nada más lo utilices!

Cortesía de arianarosefndz desde Guaynabo.

2.2.9. Cámara: saca las fotos más divertidas o solemnes de los Pokémon que encuentres. Antes de lanzar la poké ball, presiona en el botón de la cámara que aparece abajo a la derecha. ¡Que se vea eso de la realidad aumentada!

2.2.10. Incubadora y huevos de Pokémon: todos los entrenadores pokémon tienen una incubadora permanente desde el inicio del juego. Además, te darán algunas de tres usos por alcanzar ciertos niveles, o las puedes comprar por 150 pokémonedas en la tienda.

Su función es permitir obtener un Pokémon de los huevos que encontrarás en las poképaradas. Por ahora, hay tres tipos: los huevos de 2 kilómetros, los de 5 kilómetros y los de 10 kilómetros. Si presionas en uno de estos huevos, en la pestaña a la derecha de la de «Pokémon», y los pones dentro de la incubadora, tendrás que recorrer la distancia que marca el huevo con la aplicación abierta para que eclosione.

Como es de esperar, los huevos de 10 kilómetros te darán más caramelos del Pokémon que aparezca, y la rareza de este será también superior. La siguiente imagen te dará una pista de lo que se encuentra entre las cáscaras.

CONSEJOS DE UN ENTRENADOR A OTRO

Pokémon GO se diseñó para que los entrenadores salieran a explorar el mundo... Por eso, ir en coche o avión no es la mejor forma de hacerlos eclosionar. Si el GPS detecta que vas a más de 20 km/h, deja de contar el desplazamiento. En el caso de que vivas en una zona con tráfico, los autobuses son un buen método para completar distancias sin hacer ningún esfuerzo físico. Pero ¡esto es Pokémon GO!..., y la mejor forma de eclosionar un huevo, tanto a nivel moral como de eficiencia, es salir en bici, patines o monopatín (o lo que quiera que se te ocurra). No olvides que la aplicación tiene que estar en primer plano para que la distancia empiece a contarse. Y ¡recuerda prestar atención a lo que sucede a tu alrededor!

3

Primeros pasos del entrenador Pokémon: todo lo que tienes que saber antes de llegar al nivel 5

Lo primero que vas a hacer después de descargar la aplicación de Pokémon GO es acceder al juego a través de una cuenta de Gmail o mediante una cuenta en el Club de entrenadores Pokémon. Te recomiendo que utilices una cuenta de Gmail, ya que hay jugadores que han informado de algunos fallos cuando han intentado entrar en su cuenta a través de la segunda opción. Si no tienes una dirección de Gmail, puedes crearte una en 5 minutos.

Una vez dentro, personaliza tu avatar y escoge tu nombre de entrenador Pokémon. No tengas prisa en terminar con estos dos sencillos pasos, ¡son irreversibles! O casi, porque Pokémon GO te permite cambiar de nombre una sola vez a través del menú principal, presionando en opciones y luego en «Cambiar apodo».

3.1. Atrapa a Pikachu

Cuando termines el brevísimo tutorial obligatorio de Pokémon GO, a tu alrededor aparecerán tres Pokémon: Bulbasaur, Squirtle y Charmander. Como ocurría hace ya veinte años en los videojuegos de Nintendo, puedes convertir a uno de esos tres en tu primer compañero Pokémon. Pero Pokémon GO esconde un pequeño truco que te ayudará a capturar a Pikachu y hacer de él tu primera mascota. Lo que tienes que hacer es muy sencillo:

Cuando aparezcan Bulbasaur, Squirtle y Charmander, ignóralos por completo. No toques sobre ellos y aléjate. Cuando los pierdas de vista, al cabo de un rato volverán a aparecer a tu lado, pero continúa caminando y vuelve a darles esquinazo. Repite este sencillo paso tres o cuatro veces y la siguiente vez que aparezcan a tu alrededor ya no solo estarán Bulbasaur, Squirtle y Charmander, ¡también habrá un Pikachu!

3.2 Siempre estarás a tiempo de deshacerte de Pokémon y objetos

Lo más importante que debes saber al iniciar el juego tiene mucho que ver con el lema más famoso de Pokémon: «¡Hazte con todos!». No tardarás en acostumbrarte a capturar el mismo Pokémon una y otra vez. Pero esto no es necesariamente negativo. De hecho, como te explicaré en la sección «4.11. Cómo subir rápidamente de nivel», es lo mejor que te puede suceder para acumular caramelos de una misma especie y también para tener la posibilidad de que aparezcan Pokémon de más PC y descartar los peores.

En caso de que te quedes sin espacio en la mochila (250 Pokémon y 350 objetos por defecto), puedes transferirlos o bien eliminarlos, y en el supuesto de los Pokémon obtendrás caramelos valiosísimos. Por eso, si no es por falta de poké balls, nunca dejes de atrapar un Pokémon o de pasarte por una poképarada durante los primeros niveles.

3.3. Cómo enfrentarte a los primeros Pokémon

Cuando aparezca un Pokémon, tu dispositivo móvil vibrará. Entonces solo tienes que buscarlo alrededor de tu avatar y presionar sobre él. Si vas montado en coche o en alguna otra clase de transporte, prueba a tocar varias veces sobre el Pokémon hasta que entres en el modo de captura, puesto que si desapareces del rango antes de haber apretado correctamente, no podrás volver a capturarlo.

3.3.1. Interfaz de la captura:

1. **Abandona el encuentro:** utiliza esta opción cuando te quedes sin poké balls o cuando no te interese capturar al Pokémon porque estás reservando las poké balls para otra ocasión.

2. **Cambiar modo de cámara RA:** este botón te permitirá cambiar entre la realidad aumentada y un escenario predeterminado.

3. **Nombre y PC del Pokémon:** recuerda, a más PC, por lo general, mejor es el Pokémon y mayor es la probabilidad de que escape. Así pues, utiliza bayas frambu y tus mejores poké balls para los que sean de mucho nivel o los que te interese mucho capturar porque aún no los tienes.

4. **Anillo objetivo:** este anillo variará de color y tamaño dependiendo del poder y la rareza del Pokémon contra el que te enfrentes.

5. **Poké ball:** el color te mostrará el tipo de bola que vas a lanzar. ¡Cuidado, no uses una demasiado poderosa con un Pokémon de poco PC o viceversa!

6. **Cámara:** desde aquí podrás tomar las fotos más divertidas para luego compartirlas con otros entrenadores.

7. **Pulsa sobre tu mochila para cambiar de poké ball o usar una baya frambu:** uno de los botones más importantes de

un enfrentamiento; no olvides que ser tacaño con el tipo de poké ball o a la hora de utilizar bayas frambu puede hacerte perder Pokémon que tardarás mucho en volver a ver.

3.3.2. ¿Qué significan los círculos alrededor de los Pokémon?
Aunque nadie te lo haya explicado antes, lo primero que tienes que hacer en un encuentro es presionar tu poké ball sin lanzarla. En este punto verás como alrededor del Pokémon salvaje aparece un círculo que mengua y crece cíclicamente. La teoría es esta: si aciertas la poké ball dentro del círculo, lo ideal es hacerlo cuando sea más pequeño, porque así tus probabilidades de que el Pokémon no escape y pase a formar parte de tu equipo aumentan considerablemente. Además, cuanto más pequeño sea, mayor bonificación de experiencia ganarás si aciertas el tiro.

Notarás también que los círculos varían de color dependiendo de la dificultad que entrañe capturar al Pokémon en cuestión. La escala es la siguiente: una captura fácil corresponderá a un círculo verde; una probabilidad media, a un círculo naranja, y un Pokémon realmente raro o con muchos PC tendrá a su alrededor un círculo rojo.

Acierto con círculo	Bonificación de experiencia
Grande = bien	10
Mediano = genial	50
Pequeño = excelente	100

3.3.3. Lanzamientos de poké ball: si bien en esta nueva entrega de Pokémon no vamos a tener que debilitar a los Pokémon salvajes antes de poder capturarlos, ahora la dificultad del enfrentamiento reside completamente en el lanzamiento que hagas (y puede que de la baya que les tires antes).

La primera recomendación que te daré es que apagues el modo de realidad aumentada para capturar esos Pokémon que no quieres que escapen. Simplemente presionando sobre el icono en la parte superior derecha de la pantalla, la imagen se estabilizará y podrás hacer un lanzamiento más firme.

Luego, lo recomendable es esperar a que el Pokémon haga un movimiento para esquivar tu bola (a veces saltan, atacan o se vuelven invulnerables durante unos segundos). Si estás presionando la poké ball, lo identificarás muy pronto, porque el círculo alrededor del Pokémon desaparecerá. Justo después de este movimiento, tendrás unos segundos en los que seguro que no podrá esquivar tu poké ball. ¡Es el momento de lanzar!

La forma más eficiente de plantear el lanzamiento sería algo así: el tiro «excelente» es prácticamente imposible. Acertar en un círculo tan pequeño solo va a pasar muy de vez en cuando. Impactar dentro del círculo cuando está totalmente lleno, por el contrario, es demasiado fácil y solo nos recompensa con 10 puntos de experiencia. ¡Busca siempre el equilibrio, joven entrenador! Así que lanza tu poké ball cuando el círculo esté en la mitad de su abertura, cuando lo más probable es ganar una calificación «genial», con sus 50 puntos extras. Como ves, si no aciertas con los tiempos, siempre conseguirás un «bien» como mínimo.

Otro punto a tener en cuenta es que, a medida que subas de nivel, los Pokémon se resistirán a tus tiros. Un modo de aumentar la probabilidad de capturar al Pokémon es el «lanzamiento curvo» o «la bola curva».

No te voy a engañar: al principio te resultará difícil acostumbrarte a este tipo de lanzamiento. Sin embargo, lo amarás antes de lo que piensas, tanto por su eficacia como por lo divertido que es. Para ello, mientras presiones la poké ball, hazla girar sobre sí misma y luego lánzala creando un arco, como si dibujaras con el dedo un paréntesis que atrapa lo que se encuentra dentro de la pantalla de tu móvil. También podrás añadir efecto a tu tiro si después de presionar la poké ball directamente lanzas como si dibujaras un paréntesis. Investiga qué técnica prefieres o cuál se te da mejor. Quizá un tipo de lanzamiento curvo te vaya mejor para los Pokémon voladores, que suelen encontrarse a más distancia, y el otro te funcione mejor para los Weedle del primerísimo primer plano.

CONSEJOS DE UN ENTRENADOR A OTRO

¿Sabías que cuando un Pokémon se te escapa ganas 25 puntos de experiencia? Algo es algo...

3.4. ¡Has llegado al nivel 5!

Ahora es cuando realmente comienzas a jugar a Pokémon GO. Por fin has desbloqueado los gimnasios y sus batallas Pokémon, sin duda uno de los motivos por los que el mundo se llena de jugadores.

3.4.1. Los equipos. Nada más alcanzar el nivel 5, dirígete hacia un gimnasio y toca sobre él. Aunque luego para luchar hará falta que estés lo suficientemente cerca, en este caso solo necesitas presionar sobre él en cuanto aparezca en tu pantalla. Después de una corta charla con el profesor Willow, podrás escoger formar parte de uno de los tres equipos. ¡Vigila! Por ahora no hay forma de cambiar de equipo.

- **Valor:** el equipo rojo está liderado por Candela y su emblema simboliza un Moltres: «Los Pokémon son más fuertes que los humanos y ¡más nobles de corazón! Estoy investigando formas de mejorar el poder natural de los Pokémon

para encontrar su verdadera fuerza. ¡No hay duda de que los Pokémon que ha entrenado nuestro equipo son los más fuertes en la batalla!».

- **Sabiduría:** tiene a Articuno por emblema, y su azulado líder, Blanche, pregona lo siguiente: «La sabiduría de los Pokémon es excepcionalmente profunda. Estoy investigando por qué evolucionan. ¿Mi equipo? Con nuestro sosegado análisis de cada situación, ¡no podemos perder!».

- **Instinto:** el líder es Spark y su Pokémon legendario, Zapdos. El equipo amarillo cree que «los Pokémon son unas criaturas de excelente intuición. Apuesto a que su secreto tiene que ver con cómo eclosionan sus huevos. Únete a mi equipo. ¡Nunca pierdes cuando confías en tu instinto!».

Si ninguno de ellos te llama la atención, déjame que te explique qué es lo más oportuno para conseguir bonificaciones. Primero tendrás que darte una vuelta con Pokémon GO abierto por la zona en la que creas que pasarás más tiempo jugando. ¿Cuál es el equipo que predomina? En pueblos o en algunas zonas de la ciudad, lo normal es que un mismo equipo acostumbre a controlar determinados gimnasios, ya sea por cercanía o por dedicación.

Partiendo de esto, deberías escoger formar parte del equipo con más gimnasios por tu zona para así poder dejar tus Pokémon defendiéndolos y reclamar una bonificación diaria mayor (puesto que a más Pokémon, mejor recompensa).

Por otro lado, si eres un lobo solitario y prefieres regodearte con el sufrimiento de tus vecinos por perder sus gimnasios constantemente, trata de escoger un equipo diferente al de la mayoría, y ¡a por ellos!

La última opción es preguntar a tus amigos que también juegan a Pokémon GO de qué equipo son. ¡Entre todos podéis formar un grupo para ir a capturar Pokémon, reclamar gimnasios y defender los que ya hayáis capturado con uñas y dientes de cualquier entrenador rival!

3.4.2. Cómo pelear. Si quieres pelear en un gimnasio, aproxímate hasta que estés lo bastante cerca (es decir, cuando el círculo alrededor de tu personaje incluya dentro de su perímetro el eje del gimnasio), toca sobre él y después pulsa el icono inferior derecho donde se aprecia el choque entre dos poké balls.

Antes de que la batalla dé comienzo, tienes la oportunidad de cambiar los Pokémon que quieres llevar al enfrentamiento, así como su orden. Aprovecha para colocar en primer lugar una clase de Pokémon que sea efectivo contra la clase del primer Pokémon rival del gimnasio.

Una vez comience la batalla, tu principal movimiento consistirá en pulsar sobre la pantalla lo más rápido que puedas. Este es el ataque básico de tu Pokémon, que además te ayudará a cargar el ataque especial, la barra azul bajo el indicador de puntos de salud. Para utilizar este segundo ataque especial, al tener cargada la barra, presiona un momento sobre la pantalla y no levantes el dedo por un instante.

Otro pequeño detalle que debes tener en cuenta es no gastar ataques especiales poderosos en Pokémon rivales con poca vida si aún quedan otros Pokémon a los que tienes que derrotar. En el caso de que acabes de cargar la barra especial cuando a tu contrincante le queden, por ejemplo, 10 puntos de salud, continúa con tu ataque básico hasta derrotarlo y al aparecer el próximo Pokémon descarga, nada más empezar, tu gran golpe.

En Pokémon GO también puedes esquivar ataques. Inténtalo sobre todo cuando aparezca un bocadillo sobre el otro Pokémon. Esto indica que se dispone a realizar su ataque especial; si haces un movimiento rápido hacia un lado (mantén apretado a tu personaje durante un instante y lánzalo hacia derecha o izquierda), te ahorrarás perder una buena cantidad de puntos de salud.

Para saber más acerca de los combates pokémon, dirígete al apartado «4.9. Conquistar gimnasios»; o echa un vistazo a la sección «4.8. Tabla de efectividad de las clases» para perfeccionar tu elección de Pokémon antes de empezar a luchar.

3.5. Paciencia, entrenador...

Aunque pueda parecer obvio, lo más importante mientras consigues tus primeros Pokémon y subes de nivel es tener paciencia. Pokémon GO es uno de esos juegos que recompensa doblemente la espera y el trabajo duro:

3.5.1. No regales tus caramelos: es imprescindible (si quieres ser eficiente y subir de nivel lo más rápidamente posible) que guardes los caramelos y el polvoestelar que consigas tras capturar Pokémon. A medida que vayas subiendo de nivel, aparecerán Pokémon

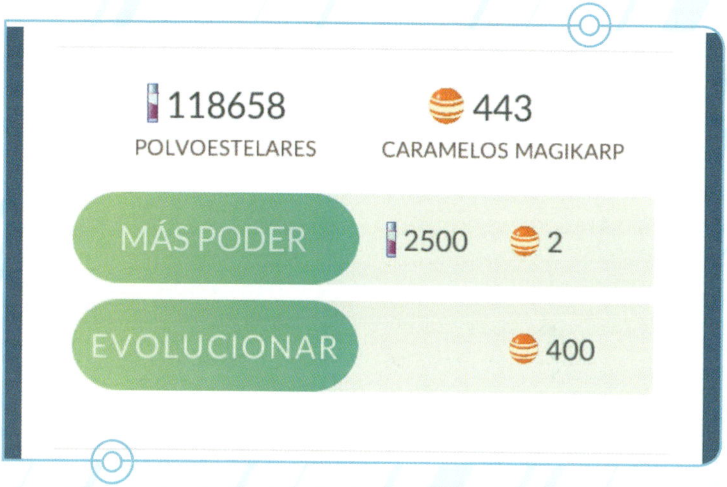

salvajes con mejor PC de los que tenías antes, incluso si has invertido caramelos en ellos.

Así que lo mejor es esperar hasta niveles cercanos al 20, cuando se tarda mucho en pasar de un nivel al otro, para mejorar y evolucionar a tus Pokémon más poderosos. Si mientras tanto tienes problemas de espacio, ordena a tus Pokémon según su número en la pokédex (apretando en el símbolo abajo a la derecha, dentro de la interfaz de Pokémon), y guarda solo un Pokémon de cada tipo. Es decir, guarda el Pidgey con más PC y transfiere todos aquellos Pokémon que sean inferiores para ahorrar caramelos.

Avanza hasta la sección «4.11. Cómo subir rápidamente de nivel» para ver lo útiles que pueden ser estos dulces para llegar hasta los niveles más altos de entrenador pokémon.

3.5.2. No sobresatures a tus mascotas: además, aunque acabes de desbloquear los gimnasios y te mueras por reclamarlos todos, me temo que todavía no vas a poder hacerlo... Terminarás alcanzando en nivel y experiencia a esos entrenadores pokémon que aterrizaron antes que tú en el universo Pokémon GO, pero ahora mismo te llevan demasiada ventaja.

Estás en tu derecho de intentar reclamar cuantos gimnasios desees. De hecho, te animo a que investigues y experimentes, para ver de qué se trata y mejorar tu habilidad. Pero los primeros días no esperes asignarte 10 gimnasios. Tus colegas entrenadores tienen más nivel que tú y, por tanto, Pokémon más fuertes. Eso hará que la tarea de conquistar y defender gimnasios sea muy complicada en un principio.

Por esta razón, en vez de gastar todas tus pociones reviviendo y curando a tus Pokémon debilitados, no sobresatures de responsabilidades a tus Pokémon antes de tiempo. ¡En unos pocos niveles podrás hacerte con todos los gimnasios sin problemas!

4

Trucos del maestro pokémon
4.1. ¡Hazte con todos!

Conseguir los 151 Pokémon iniciales (y los que puedan incluir en futuras actualizaciones) no va a resultar sencillo, pero, si de verdad quieres convertirte en el mejor entrenador pokémon, ¡ese es tu deber!

Cortesía de Javierstaff desde Puntas de Calnegre, Murcia.

Los Pokémon pueden tener una o dos clases, las cuales debilidades respecto a otros Pokémon y, además, te darán pistas sobre dónde los puedes localizar. Por otro lado, en el caso de los Pokémon legendarios, como Moltres o Mewtwo, tendrás que esperar a los eventos especiales que Pokémon GO prevé organizar para capturarlos. Es decir, que no esperes capturar un Mewtwo mientras sacas a pasear al perro...

4.1.1. Clases de Pokémon y sus respectivas zonas

Pokémon de tipo normal:

Esta es la clase más sencilla de localizar. Probablemente porque... ¡están por todos lados! Independientemente de dónde te encuentres, a poco que te desplaces y explores la zona, aparecerán Pokémon de tipo normal con los que ampliar tu equipo. Sin embargo, algunos como Porygon o Snorlax solo aparecerán en contadas ocasiones, así que ya sabes: lanza una baya frambu, prepara tu mejor poké ball y ¡a cruzar los dedos!

Hay 22 Pokémon de esta clase en la primera generación de Pokémon GO: Pidgey, Pidgeotto, Pidgeot, Rattata, Raticate, Spearow, Fearow, Jigglypuff, Wigglytuff, Meowth, Persian, Farfetch'd, Doduo, Dodrio, Lickitung, Chansey, Kangaskhan, Tauros, Ditto, Eevee, Porygon y Snorlax.

Pokémon de tipo fuego:

¡Tranquilo! También podrás conseguir Pokémon de tipo fuego si no tienes una chimenea o si no vives al pie de un volcán. Afortunadamente, esta clase aparece en áreas residenciales y vecindarios. Y se rumorea que es más habitual encontrarte con Pokémon de fuego en los lugares más cálidos y de clima seco.

Los 12 afortunados son: Charmander, Charmeleon, Charizard, Vulpix, Ninetales, Growlithe, Arcanine, Ponyta, Rapidash, Magmar, Flareon y Moltres.

Pokémon de tipo agua:

Como era de esperar, los Pokémon de tipo agua aparecerán con mayor frecuencia cerca de ríos, lagos, pantanos, mares u océanos. Pero ¡no te hará falta meterte dentro con el móvil! Basta con que te acerques a la playa o al muelle. ¡Y a cazar!

Hay 32 Pokémon de agua: Squirtle, Wartortle, Blastoise, Psyduck, Golduck, Poliwag, Poliwhirl, Poliwrath, Tentacool, Tentacruel, Slowpoke, Slowbro, Seel, Dewgong, Shellder, Cloyster, Krabby, Kingler, Horsea, Seadra, Omanyte, Omastar, Kabuto, Kabutops, Goldeen, Seaking, Staryu, Starmie, Magikarp, Gyarados, Lapras y Vaporeon.

Pokémon de tipo planta:

Los Pokémon de tipo planta se asomarán a nuestro radar, como no podía ser de otro modo, en parques, áreas rurales, granjas, jardines o incluso en campos de golf.

Esta clase está compuesta por: Bulbasaur, Ivysaur, Venusaur, Oddish, Gloom, Vileplume, Bellsprout, Weepinbell, Victreebell, Exeggcute, Exeggutor, Tangela, Paras y Parasect.

Pokémon de tipo roca:

Los Pokémon de tipo roca serán frecuentes en aquellos hábitats donde predominen las formaciones rocosas, como las montañas y las canteras. Aunque también aparecerán en algunas partes de la ciudad, como en bloques de aparcamiento, en las cercanías de estaciones de tren o autobús, centros comerciales o incluso en autopistas.

Para hacerte con todos, también deberás capturar los siguientes 11 Pokémon de tipo roca: Geodude, Graveler, Golem, Onix, Rhyhorn, Rhydon, Omanyte, Omastar, Kabuto, Kabutops y Aerodactyl.

Pokémon de tipo tierra:

Prueba a explorar zonas donde haya barro o grandes claros para capturar Pokémon de tierra. Aparecerán también en parques y carreteras rurales.

En Pokémon GO se pueden recoger 14 Pokémon de tipo tierra: Sandshrew, Sandslash, Diglett, Dugtrio, Geodude, Graveler, Golem, Onix, Cubone, Marowak, Rhyhorn, Rhydon, Nidoqueen y Nidoking.

Pokémon de tipo bicho:

Antes comentábamos que los Pokémon de tipo normal están por todas partes, pero también debes añadir a la lista estos adorables Pokémon bicho. Igual que sus tocayos en la vida real, frecuentan más el campo que la ciudad y sienten predilección por jardines, parques y bosques.

Los 12 bichos son: Caterpie, Metapod, Butterfree, Weedle, Kakuna, Beedrill, Paras, Parasect, Venonat, Venomoth, Scyther y Pinsir.

Pokémon de tipo eléctrico:

Está bien, Pikachu mola, pero hay otros 8 pokémon eléctricos (incluida su evolución) que tampoco están nada mal. ¿Los quieres? Prueba en zonas industriales, colegios o universidades.

Como decía, aparte de Pikachu, hay otros 8 pokémon de tipo eléctrico: Raichu, Magnemite, Magneton, Voltorb, Electrode, Electabuzz, Jolteon y Zapdos.

Pokémon de tipo dragón:

Ni cuevas encantadas ni fiordos recónditos, los Pokémon de tipo dragón aparecerán en lugares de interés, como plazas famosas, monumentos, museos, etc.

Tan solo hay tres dragones en Pokémon GO: Dratini, Dragonair y Dragonite (y, para más inri, por si no te has dado cuenta, el segundo es evolución del primero, y el tercero lo es del segundo...).

Pokémon de tipo lucha:

No es de extrañar que estos competitivos Pokémon aparezcan cerca de gimnasios o estadios deportivos. Así que, ya sabes: la próxima vez que te dirijas a un evento relacionado con el mundo del deporte o vayas al gimnasio a ponerte en forma, abre la aplicación para buscar Pokémon de tipo lucha que te hagan compañía.

Los 8 luchadores en cuestión son: Mankey, Primeape, Machop, Machoke, Machamp, Hitmonlee, Hitmonchan y Poliwrath.

Pokémon de tipo hada:

Del mismo modo que los dragones, los Pokémon de tipo hada son más comunes en lugares de interés. Además, podrás encontrarlos cerca de iglesias.

Hay 5 Pokémon de tipo hada: Clefairy, Clefable, Jigglypuff, Wigglytuff y Mr. Mime.

Pokémon de tipo veneno:

Para hacerte con Pokémon venenosos deberás desplazarte hasta áreas húmedas, por ejemplo lagos, orillas de ríos, pantanos o incluso fuentes. Hay constancia de que de vez en cuando se dejan ver por áreas industriales y por los alrededores de grandes edificios.

Como hay muchos Pokémon cuya segunda clase es veneno, la lista esta vez es larga: Bulbasaur, Ivysaur, Venusaur, Oddish, Gloom, Vileplume, Weedle, Kakuna, Beedrill, Venonat, Venomoth, Bellsprout, Weepinbel, Victreebel, Ekans, Arbok, Nidoran (♀), Nidoran (♂), Nidorina, Nidoqueen, Nidorino, Nidoking, Zubat, Golbat, Grimer, Muk, Koffing, Weezing, Tentacool, Tentacruel, Gastly, Haunter y Gengar.

Pokémon de tipo fantasma:

También los Pokémon de tipo fantasma se cuentan con los dedos de una mano. Y ¡te sobrarán dos! Lo más habitual es encontrarlos cerca de iglesias o, durante la noche, en zonas residenciales o aparcamientos.

Solo cogiendo un Gastly y evolucionándolo podrás hacerte con toda la amalgama de Pokémon fantasma porque, además de Gastly, existen únicamente Haunter y Gengar.

Pokémon de tipo hielo:

Los Pokémon de hielo, por desgracia, no se encuentran dentro de los congeladores industriales ni en la nevera de tu casa. En cambio, podrás hacerte con esta clase de Pokémon en áreas con vegetación y cerca de grandes superficies de agua, desde ríos hasta océanos.

Son 5 los poderosos miembros de este exclusivo tipo de Pokémon: Jynx, Dewgong, Cloyster, Lapras y, para acabar, el legendario Articuno.

Pokémon de tipo psíquico:

Los Pokémon de tipo psíquico son unos de los más poderosos del juego. Para hacerte con ellos, la mejor opción es buscar cerca de hospitales, especialmente durante la noche (que en el juego comienza a partir de las 19.00 horas). También pueden aparecer en áreas residenciales o rurales.

Esta clase de temidos *doblacucharas* la componen 13 Pokémon: Abra, Kadabra, Alakazam, Drowzee, Hypno, Exeggcute, Exeggutor, Slowpoke, Slowbrow, Jynx, Mr. Mime y los legendarios Mewtwo y Mew.

Pokémon de tipo volador:

El tipo de Pokémon volador suele ser una segunda catalogación. Por ejemplo, Pidgey es primero un Pokémon de tipo normal y luego volador. Es otra de esas clases omnipresentes: de la granja a la ciudad, de los ríos a los parques o de una alejada reserva natural a la inmediatez de tu jardín. ¡Raro será el día que no captures un Pidgey!

Hay 19 Pokémon voladores: Charizard, Pidgey, Pidgeotto, Pidgeot, Spearow, Fearow, Farfetch'd, Doduo, Dodrio, Butterfree, Zubat, Golbat, Scyther, Aerodactyl, Gyarados, Dragonite, Articuno, Zapdos y Moltres.

Pokémon de tipo acero:

La denominación de acero también es un tipo de clasificación secundaria. Y, de hecho, es tan rara, que solo hay 2 Pokémon dentro de esta rama. Los encontrarás cerca de grandes edificios o de estaciones de tren.

Dos enormes imanes forman este grupo: Magnemite y su evolución, Magneton.

Pokémon de tipo siniestro:

Por último, aunque ahora mismo no podamos encontrar Pokémon de tipo siniestro, el código del juego adelanta la posibilidad de que estos Pokémon aparezcan en futuras actualizaciones.

CONSEJOS DE UN ENTRENADOR A OTRO

Hay Pokémon que se restringen a determinados continentes: para Europa, Mr. Mime; en Oceanía, obviamente Kangaskhan; América se queda con Tauros; y en Asia podrás hacerte con Farfetch'd.

4.2. Características de los Pokémon

En la sección «Pokémon», dentro del menú principal de la interfaz, puedes revisar las características de tus compañeros Pokémon. El peso y la altura son un dato curioso y te ayudarán a completar alguna que otra insignia (como la de «Pescador», para la que tienes que hacerte con varios Magikarp grandes) pero, más allá de eso, estos datos forman parte de lo anecdótico.

Lo más importante de esta sección es el poder de combate de tu Pokémon (PC), sus puntos de salud (PS) y el ataque básico (el primero que aparece bajo el apartado de mejora y evolución) y el especial (justo debajo del ataque básico, que incluye una barra azul para que veas, gráficamente, el tiempo que te va a llevar cargarla).

A estas alturas, seguramente ya te habrás dado cuenta de que al capturar un mismo tipo de Pokémon los ataques básicos o especiales resultan ser diferentes. Lo que significa que no solo deberás hacerte con todos los Pokémon, sino que tendrás que buscar la combinación perfecta de ataques en cada uno si lo que quieres es convertirte en el maestro Pokémon más poderoso (y dominar todos los gimnasios a tu alcance, claro). Para leer más sobre los ataques de tu Pokémon, salta

Cortesía de Yaizabal y Tolsmir desde la Plaza de España, Madrid

cuatro secciones hasta la «Lista de los 15 mejores ataques básicos y especiales».

Además, los PC de los Pokémon pueden desglosarse en valores ocultos que nunca veremos pero que no está de más saber que existen: se llaman aguante, ataque y defensa. Ten en cuenta que cada Pokémon «nace» con una diferencia de hasta 15 puntos en estos valores ocultos (se suele hablar de ello como los IV, del inglés *individual values*). Si pulsas «Valorar» en el menú inferior derecho de cualquier pokémon, podrás hacerte una idea de lo perfecto que es respecto a su especie. Para los mejores (81-100 % de perfección), el líder de tu equipo dirá que tu pokémon «es una maravilla» (Sabiduría), que «puede enfrentarse a los mejores» (Instinto) o que le «fascinan» (Valor).

4.3. Mejorar y evolucionar los Pokémon

Por el momento, el resultado de «mejorar a tus pokémon y luego evolucionarlos» o «primero evolucionarlos y después llevar a cabo la mejora» es el mismo. Es decir, que un Pidgey mejorado hasta el máximo con caramelos que después evoluciones no será mejor Pidgeotto que uno que procede de un Pidgey que evolucionas primero y después hinchas a caramelos. Por tanto, el momento en el que decidas evolucionar a un pokémon no influirá en los PC o PS máximos de ese pokémon.

No obstante, puesto que a medida que avances será habitual encontrar Pokémon de una misma especie con un PC superior al que tenías antes, lo mejor será guardar los caramelos de los Pokémon que vayas capturando. Quédate con los Pokémon más poderosos en todo momento por si quieres atacar o defender gimnasios, pero transfiere al profesor Willow aquellos que tengas repetidos y su PC sea inferior.

En general, mejorar a Pokémon con caramelos cuando no se ha llegado a un nivel cercano al 20 implica malgastar recursos por tres razones:

1. Cada vez que consigues un nuevo nivel, desbloqueas unos PC y PS máximos para cada Pokémon.

2. En los niveles inferiores solo transcurren unos pocos días o incluso horas hasta que consigues un nuevo nivel, lo cual imposibilita que recolectes los suficientes caramelos para obtener la mejor evolución y mejora del Pokémon (a la que se llega cuando el semicírculo blanco que rodea a tu Pokémon en la pantalla de características se completa por la derecha).

3. Además, cuando subas de nivel, los Pokémon que encuentres irán teniendo más PC y PS, con lo que esos caramelos

CONSEJOS DE UN ENTRENADOR A OTRO

Es posible decidir en qué se va a convertir Eevee cuando lo evoluciones por primera vez en cada una de sus tres formas finales. Solo tienes que seguir este sencillo truco: para conseguir a Flareon, antes de evolucionar a tu Eevee cámbiale el nombre por Pyro; si lo que quieres es un Vaporeon, llámalo Rainer; y para Jolteon nómbralo Sparky. (¡No te olvides de la mayúscula inicial!).

que hubieses tenido que usar para alcanzar la diferencia con los Pokémon de menos nivel ya te los has ahorrado.

A partir del nivel 20, las barras de experiencia son cada vez más difíciles de completar y de un nivel a otro necesitarás mucha paciencia y esfuerzo. Este es el momento de centrarte en mejorar a unos pocos Pokémon sin el miedo a que dentro de unos niveles te aparezca uno con los PC por encima y sientas que has desperdiciado todos los caramelos que has usado. Como de un nivel a otro pasará mucho tiempo, los Pokémon que decidas mejorar tendrán siempre los PC máximos, y lo único que tendrás que hacer es mejorar el poco que se desbloquea al subir de nivel. Fíjate también en los IV de los Pokémon que vayas a mejorar.

Y, antes de mejorarlos, evoluciónalos hasta la última forma

CONSEJOS DE UN ENTRENADOR A OTRO

Si tu pasión es ser siempre eficiente, puedes usar la evolución después de que tu Pokémon haya sido debilitado... ¡La nueva forma tendrá los PS al máximo!

del Pokémon en cuestión, porque al evolucionar un Pokémon sus ataques básicos y especiales cambian. Así, en caso de que los ataques no sean los mejores, podemos transferirlo y volver a empezar de nuevo, sin gastar caramelos de más en mejorarlo hasta el máximo.

4.4. Mejores Pokémon en ataque por clases

La siguiente lista incluye los mejores Pokémon de cada tipo en términos del daño por segundo (DPS) que pueden hacer y los movimientos idóneos para ello. Los datos que se muestran a continuación consideran la mejora de 1,25x que se otorga a los ataques cuando son de la misma clase que el Pokémon. Es decir, que un Squirtle ataque con un movimiento de agua, como Burbuja, da una bonificación que no existe si el Pokémon tuviera el ataque Placaje, de tipo normal.

Por tanto, en los enfrentamientos pokémon es muy importante tener en cuenta la clase de tus Pokémon y la de los rivales. De hecho, si tu Pokémon contrarresta a la clase del Pokémon rival, le harás el 1,25x de daño y en algunos casos recibirás el 0,8x. Y lo mismo sucede a la inversa, si la clase del otro Pokémon contrarresta al tuyo. Echa un vistazo a la «Tabla de efectividad de las clases» (sección 4.8) antes de formar tu equipo ideal de Pokémon.

Por último, ten además en cuenta que los siguientes Pokémon son los que harán más daño por segundo, pero puede que otro Pokémon con menos daño por segundo pero con más vida y defensa acabe ganándote por desgaste. Si quieres ver los mejores Pokémon en términos de 1c1 avanza dos secciones hasta los «Diez mejores duelistas».

Tipo normal: Wigglytuff

Ataque básico	DPS	Ataque especial	DPS
Destructor	16,20	Hiperrayo	30,00

Tipo fuego: Arcanine

Ataque básico	DPS	Ataque especial	DPS
Colmillo ígneo	14,88	Llamarada	30,49

Tipo agua: Golduck

Ataque básico	DPS	Ataque especial	DPS
Pistola agua	15,00	Hidrobomba	29,61

Tipo planta: Victreebel

Ataque básico	DPS	Ataque especial	DPS
Látigo cepa	12,93	Rayo solar	30,61

Tipo roca y tierra: Golem

Ataque básico	DPS	Ataque especial	DPS
Disparo lodo	13,64	Roca afilada	32,26

Golem repite podio debido a que es el mejor en las dos clases que comparte, roca y tierra.

Tipo bicho: Venomoth

Ataque básico	DPS	Ataque especial	DPS
Picadura	13,89	Zumbido	22,06

Tipo eléctrico: Raichu

Ataque básico	DPS	Ataque especial	DPS
Chispa	12,50	Trueno	29,07

Tipo dragón: Dragonite

Ataque básico	DPS	Ataque especial	DPS
Dragoaliento	15	Garra dragón	27,34

Tipo hada: Clefable

Ataque básico	DPS	Ataque especial	DPS
Destructor	12,96	Fuerza lunar	25,91

Tipo lucha: Machamp

Ataque básico	DPS	Ataque especial	DPS
Golpe kárate	9,38	Tajo cruzado	37,50

Tipo veneno: Muk

Ataque básico	DPS	Ataque especial	DPS
Puya nociva	14,29	Lanza mugre	27,08

Tipo fantasma: Gengar

Ataque básico	DPS	Ataque especial	DPS
Garra umbría	14,47	Onda tóxica	25,74

Tipo hielo: Cloyster

Ataque básico	DPS	Ataque especial	DPS
Vaho gélido	13,89	Ventisca	32,05

Tipo psíquico: Exeggutor

Ataque básico	DPS	Ataque especial	DPS
Cabezazo zen	14,29	Rayo solar	30,61

Tipo volador: Pidgeot

Ataque básico	DPS	Ataque especial	DPS
Ataque ala	15,00	Vendaval	31,25

Tipo acero: Magneton

Ataque básico	DPS	Ataque especial	DPS
Chispa	12,50	Foco resplandor	19,23

4.5. Mejores Pokémon en defensa

En este caso, no tiene mucho sentido organizar a los mejores Pokémon en defensa por clases, porque no vas a poder elegir con qué Pokémon te atacarán. Dicho esto, los Pokémon de tipo normal se encuentran ahora mismo en un lugar privilegiado en lo que respecta a defender gimnasios, ya que no hay casi Pokémon de tipo luchador entre los 151 primeros Pokémon, y sus estadísticas no son nada del otro mundo. Fíjate también en que los movimientos que aquí se enumeran son diferentes de los aconsejados para el ataque. Esto se debe a las mecánicas de las luchas de gimnasio, donde no solo importa el daño de un ataque, sino que no se pueda esquivar o que hacerlo no sea demasiado sencillo, por ejemplo.

Mejores defensores:

Snorlax

Ataque básico	DPS	Ataque especial	DPS
Cabezazo zen	11,43	Hiperrayo	30,00

Lapras

Ataque básico	DPS	Ataque especial	DPS
Canto helado	13,39	Ventisca	32,05

Dragonite

Ataque básico	DPS	Ataque especial	DPS
Ala de acero	11,28	Pulso dragón	22,57

Vaporeon

Ataque básico	DPS	Ataque especial	DPS
Pistola agua	15,00	Hidrobomba	29,61

Arcanine

Ataque básico	DPS	Ataque especial	DPS
Colmillo ígneo	14,88	Lanzallamas	23,71

Segundos mejores defensores:

Gyarados

Ataque básico	DPS	Ataque especial	DPS
Mordisco/ Dragoaliento	12,00	Hidrobomba	29,61

Muk

Ataque básico	DPS	Ataque especial	DPS
Puya nociva	14,29	Onda tóxica	25,74

Exeggutor

Ataque básico	DPS	Ataque especial	DPS
Confusión	12,42	Rayo solar	30,61

Wigglytuff

Ataque básico	DPS	Ataque especial	DPS
Finta	11,54	Hiperrayo	30,00

Chansey

Ataque básico	DPS	Ataque especial	DPS
Cabezazo zen	11,43	Brillo mágico	13,10

Terceros mejores defensores:

Kangaskhan

Ataque básico	DPS	Ataque especial	DPS
Bofetón lodo	11,11	Pisotón	17,86

Poliwrath

Ataque básico	DPS	Ataque especial	DPS
Burbuja	13,59	Hidrobomba	29,61

Dewgong

Ataque básico	DPS	Ataque especial	DPS
Canto helado	13,39	Ventisca	32,05

Tentacruel

Ataque básico	DPS	Ataque especial	DPS
Puya nociva	14,29	Hidrobomba	29,61

Cuartos mejores Pokémon defensores:

Slowbro

Ataque básico	DPS	Ataque especial	DPS
Confusión	12,42	Psíquico	24,55

Nidoqueen

Ataque básico	DPS	Ataque especial	DPS
Puya nociva	14,29	Terremoto	29,76

Machamp

Ataque básico	DPS	Ataque especial	DPS
Puño bala	8,33	Sumisión	17,86

Tipo hada: Clefable

Ataque básico	DPS	Ataque especial	DPS
Cabezazo zen	11,43	Brillo mágico	16,37

4.6. Diez mejores duelistas

Los siguientes Pokémon (en orden descendente) son los mejores a la hora de un combate 1c1. Es decir, que aquí no solo se tienen en cuenta lo buenos que son atacando o defendiendo, sino que se consideran los PS, el ataque, la defensa y los movimientos básicos y especiales.

Snorlax

Ataque básico	DPS	Ataque especial	DPS
Lengüetazo	10,00	Hiperrayo	30,00

Dragonite

Ataque básico	DPS	Ataque especial	DPS
Dragoaliento	15	Garra dragón	27,34

Lapras

Ataque básico	DPS	Ataque especial	DPS
Vaho gélido	13,89	Ventisca	32,05

Vaporeon

Ataque básico	DPS	Ataque especial	DPS
Pistola agua	15,00	Hidrobomba	29,61

Arcanine

Ataque básico	DPS	Ataque especial	DPS
Colmillo ígneo	14,9	Llamarada	30,49

Exeggutor

Ataque básico	DPS	Ataque especial	DPS
Cabezazo zen	14,29	Rayo solar	30,61

Blastoise

Ataque básico	DPS	Ataque especial	DPS
Pistola agua	15,00	Hidrobomba	29,61

Slowbro

Ataque básico	DPS	Ataque especial	DPS
Pistola agua	15,00	Psíquico	24,55

Gyarados

Ataque básico	DPS	Ataque especial	DPS
Mordisco/ Dragoaliento	12,00	Hidrobomba	29,61

Muk

Ataque básico	DPS	Ataque especial	DPS
Puya nociva	14,29	Lanza mugre	27,08

4.7. Lista de los 15 mejores ataques básicos y especiales

Sin contar las bonificaciones que se dan a cada Pokémon si el ataque es de la misma clase que ellos:

Movimiento	Clase	DPS	Disponible para
Destructor	Normal	12,96	Clefairy, Clefable, Jigglypuff, Wigglytuff, Drowzee, Chansey, Jynx y Ditto
Garra metal	Acero	12,70	Sandslash y Kingler
Psicocorte	Psíquico	12,28	Kadabra y Alakazam
Pistola agua	Agua	12,00	Wartortle, Blastoise, Psyduck, Golduck, Slowpoke, Slowbro, Seel, Horsea, Seadra, Staryu, Starmie, Vaporeon, Omanyte y Omastar
Mordisco	Siniestro	12,00	Zubat, Golbat, Nidoran♀♂, Nidorina, Nidoqueen, Wartortle, Blastoise, Meowth, Raticate, Growlithe, Arbok, Aerodactyl, Gyarados y Arcanine
Dragoaliento	Dragón	12,00	Seadra, Gyarados, Dratini, Dragonair y Dragonite

Movimiento	Clase	DPS	Disponible para
Arañazo	Normal	12,00	Charmander, Charmeleon, Charizard, Sandshrew, Paras, Diglett, Meowth, Persian, Mankey y Kabuto
Ataque ala	Volador	12,00	Charizard, Pidgeotto, Pidgeot y Golbat
Colmillo ígneo	Fuego	11,90	Arcanine
Garra umbría	Fantasma	11,58	Haunter y Gengar
Finta	Siniestro	11,54	Jigglypuff, Wigglytuff, Persian, Ninetales y Dodrio
Cabezazo zen	Psíquico	11,43	Clefairy, Clefable, Psyduck, Abra, Hypno, Exeggutor, Lickitung, Chansey, Mr. Mime, Tauros, Snorlax y Mewtwo
Puya nociva	Veneno	11,43	Beedrill, Nidoqueen, Nidorino, Nidoking, Tentacruel, Muk y Seaking
Ala de acero	Acero	11,28	Pidgeotto, Pidgeot, Fearow, Scyther, Dodrio, Aerodactyl y Dragonite
Picadura	Bicho	11,11	Caterpie, Metapod, Butterfree, Weedle, Kakuna, Beedrill, Paras, Parasect, Venonat y Venomoth

Ataques especiales:

Movimiento	Clase	DPS	Disponible para
Tajo cruzado	Lucha	30.00	Psyduck, Mankey, Primeape, Machop, Machoke y Machamp.
Roca afilada	Roca	25,81	Nidoqueen, Dugtrio, Machamp, Graveler, Golem, Onix, Hitmonlee, Rhydon y Kabutops.
Golpe Cuerpo	Normal	25,64	Rattata, Nidoran♀♂, Clefairy, Clefable, Vulpix, Jigglypuff, Meowth, Growlithe, Poliwhirl, Eevee y Snorlax
Ventisca	Hielo	25,64	Dewgong, Tentacruel, Seadra, Lapras, Cloyster y Articuno
Latigazo	Planta	25,00	Bulbasaur, Ivysaur, Bellsprout, Weepinbell, Lickitung y Tangela.
Megacuerno	Bicho	25,00	Rhydon, Seaking y Nidoking
Vendaval	Volador	25,00	Pidgeot y Mew
Rayo solar	Planta	24,49	Ivysaur, Parasect, Tangela, Venusaur, Vileplume, Mew, Victreebel y Exeggutor

Movimiento	Clase	DPS	Disponible para
Llamarada	Fuego	24,39	Ponyta, Ninetales, Rapidash, Charizard, Magmar, Mew, Arcanine y Flareon
Hiperrayo	Normal	24,00	Lickitung, Raticate, Electrode, Wigglytuff, Snorlax, Aerodactyl, Mew, Dragonite y Mewtwo
Terremoto	Tierra	23,81	Marowak, Kangaskhan, Tauros, Dugtrio, Sandslash, Rhydon, Golem, Snorlax, Nidoqueen, Nidoking y Mew
Hidrobomba	Agua	23,68	Wartortle, Blastoise, Tentacruel, Seadra, Omastar, Poliwrath, Vaporeon, Gyarados, Starmie, Golduck y Cloyster
Trueno	Eléctrico	23,26	Pikachu, Raichu, Jolteon, Electabuzz, Mew y Zapdos
Garra Dragón	Dragón	21,88	Charizard y Dragonite
Lanza Mugre	Veneno	21,67	Ekans, Arbok y Muk

4.8. Tabla de efectividad de las clases

	Normal	Lucha	Volador	Veneno	Tierra	Roca	Bicho	Fantasma
Normal	1	1	1	1	1	0,8	1	0,8
Lucha	1,25	1	0,8	0,8	1	1,25	0,8	0,8
Volador	1	1,25	1	1	1	0,8	1,25	1
Veneno	1	1	1	0,8	0,8	0,8	1	0,8
Tierra	1	1	0,8	1,25	1	1,25		1
Roca	1	0,8	1,25	1	0,8	1	1,25	1
Bicho	1	0,8	0,8	0,8	1	1	1	0,8
Fantasma	0,8	1	1	1	1	1	1	1,25
Acero	1	1	1	1	1	1,25	1	1
Fuego	1	1	1	1	1	0,8	1,25	1
Agua	1	1	1	1	1,25	1,25	1	1
Planta	1	1	0,8	0,8	1,25	1,25	0,8	1
Eléctrico	1	1	1,25	1	0,8	1	1	1
Psíquico	1	1,25	1	1,25	1	1	1	1
Hielo	1	1	1,25	1	1,25	1	1	1
Dragón	1	1	1	1	1	1	1	1
Siniestro	1	0,8	1	1	1	1	1	1,25
Hada	1	1,25	1	0,8	1	1	1	1

Acero	Fuego	Agua	Planta	Eléctrico	Psíquico	Hielo	Dragón	Siniestro	Hada
0,8	1	1	1	1	1	1	1	1	1
1,25	1	1	1	1	0,8	1,25	1	1,25	0,8
0,8	1	1	1,25	0,8	1	1	1	1	1
0,8	1	1	1,25	1	1	1	1	1	1,25
1,25	1,25	1	0,8	1,25	1	1	1	1	1
0,8	1,25	1	1	1	1	1,25	1	1	1
0,8	0,8	1	1,25	1	1,25	1	1	1,25	0,8
1	1	1	1	1	1,25	1	1	0,8	1
0,8	0,8	0,8	1	0,8	1	1,25	1	1	1,25
1,25	0,8	0,8	1,25	1	1	1,25	0,8	1	1
1	1,25	0,8	0,8	1	1	1	0,8	1	1
0,8	0,8	1,25	0,8	1	1	1	0,8	1	1
	1	1,25	0,8	0,8	1	1	0,8	1	1
0,8	1	1	1	1	0,8	1	1	0,8	1
0,8	0,8	0,8	1,25	1	1	0,8	1,25	1	1
0,8	1	1	1	1	1	1	1,25	1	0,8
1	1	1	1	1	1,25	1	1	0,8	0,8
0,8	0,8	1	1	1	1	1	1,25	1,25	1

4.9. Conquistar gimnasios

A estas alturas de la guía, ya sabes todo lo necesario para enfrentarte a un gimnasio sin problemas. Conoces las características esenciales de tus compañeros Pokémon y sospecho que ya habrás capturado algún que otro magnífico ejemplar. ¡Así que ahora toca pelear!...

... O no, mejor espera un poco, ¡que voy a darte las últimas claves!

Un gimnasio tiene 3 características distintivas:

- **El nivel:** cuando se reclama un gimnasio, empezará con nivel 1. Los niveles equivalen a los Pokémon que podrá dejar un equipo dentro. Tú solo podrás asignar uno, pero si el gimnasio es, por ejemplo, de nivel 3, además del tuyo, otros dos entrenadores del mismo equipo podrán ayudarte a defender el gimnasio.
- **El prestigio:** a medida que mejora el nivel del gimnasio, los puntos de prestigio aumentarán. Un gimnasio pertenece a un equipo hasta que uno o varios entrenadores de un equipo rival lo dejen sin prestigio mediante los enfrentamientos pokémon.
- **El equipo que lo reclama y los Pokémon que lo defienden:** aunque no estés al alcance de un gimnasio, puedes pulsar sobre él y ver el nivel y el prestigio que tiene, los Pokémon que están protegiéndolo y, por último, el equipo al que pertenece (lo cual se aprecia incluso antes de presionar en él, por el color de la estructura).

Ahora sí, ¡empecemos la batalla!

Reclamar un gimnasio vacío: esta es la parte más sencilla en referencia a un gimnasio. Puede darse en dos ocasiones:

- Cuando tú u otro entrenador pokémon derrote a todos los Pokémon del equipo rival y lo deje sin puntos de prestigio.
- Cuando nadie lo haya reclamado todavía (prácticamente imposible a estas alturas).

Acércate al gimnasio que has encontrado sin reclamar o del que acabes de sacar a un equipo rival, pulsa sobre él y, en la parte inferior derecha de la pantalla, toca el botón para añadir a un Pokémon. ¡Ahora selecciona a tu Pokémon defensor!

Reclamar un gimnasio rival: si lo que quieres es hacerte con el control del gimnasio de un equipo rival, deberás debilitar antes a todos los Pokémon que lo defienden hasta que pierda todo el prestigio.

Esto significa que, si el gimnasio tiene cierto nivel, te verás obligado a derrotar a sus Pokémon en más de una ocasión. Eso sí,

a medida que vayas bajando su prestigio y, con ello, el nivel del gimnasio, habrá menos Pokémon que lo defiendan.

En cada batalla puedes participar con hasta seis Pokémon. Si en el transcurso de un enfrentamiento el Pokémon rival debilita por completo al tuyo, deberás utilizar un revivir para poder utilizarlo en futuras batallas. Los que solo se hayan visto debilitados parcialmente, pueden sanarse con pociones para empezar el próximo enfrentamiento con los PS al máximo.

La forma de empezar a luchar es sencilla: acércate al gimnasio hasta que estés dentro de su alcance, toca el botón en el que aparecen dos poké balls para elegir, entre todos tus Pokémon, los seis que formen el mejor equipo para debilitar a los defensores de ese gimnasio y aprieta en «GO». ¡Ah, y ten presente que si acudes al gimnasio con amigos, podéis luchar todos al mismo tiempo!

Reforzar un gimnasio amigo: con tal de que tu equipo posea un gimnasio durante el mayor tiempo posible, lo mejor que puedes hacer es aumentar su nivel y esperar a que tus colegas de equipo dejen también a sus Pokémon defendiéndolo. Para aumentar el prestigio, incrementar el nivel y permitir que quepan más Pokémon (recuerda, un Pokémon por nivel de gimnasio) puedes librar batallas contra los Pokémon que lo defiendan en ese momento, idénticas a las que se llevan a cabo para derrotar a un equipo rival.

No todo es honor en la vida, y ¡tampoco en Pokémon GO! Reclamar gimnasios para tu equipo, además del prestigio, te permitirá hacerte con una recompensa de 500 unidades de polvoestelar y 10 monedas por cada gimnasio en el que tengas un Pokémon. Puedes reclamar esta bonificación cada 21 horas y tiene un límite de 5000 unidades de polvoestelar y 100 monedas, pero ten en cuenta que habrá muchos entrenadores que luchen por lo mismo, ¡es realmente complicado defender mucho tiempo los gimnasios!

4.10. Cómo conseguir más objetos

Cuando lleves un tiempo jugando a Pokémon GO, especialmente si vives en un área rural alejada de la concentración de poképaradas de las ciudades, caerás forzosamente en la cuenta de que tus poké balls y bayas se consumen con mayor celeridad de la que necesitas para hacerte con nuevas. Es más complicado quedarse sin pociones, pero si eres un aguerrido entrenador que pasa los días en batallas de gimnasio, sucederá lo mismo con los frascos de curación.

Y ¿qué haces cuando te has quedado sin poké balls y de pronto aparece un Charizard salvaje? Bien, las soluciones no son instantáneas, así que nunca deberías llegar hasta esta situación. Como se suele decir, ¡es mejor prevenir que curar!

- Crea rutas en las que puedas visitar poképaradas con frecuencia. (Idealmente espaciadas por 5 minutos de la primera a la última, ya que así nunca estarán reposando cuando la repitas).

- Visita los pueblos o las ciudades que tengas cerca. Al contrario que la mayoría de juegos, Pokémon GO va a desapolillarte: conocerás a otros entrenadores que acudirán a los parques donde se junten dos o tres poképaradas, visitarás los monumentos más carismáticos del lugar y entrarás a los restaurantes más variopintos para recargar el móvil. Y ¡todo esto mientras avanzas en el juego!

- Móntate en autobuses o trenes que viajen por la ciudad a una velocidad moderada (la suficiente para que te dé tiempo a visitar poképaradas. ¡No olvides el truco de tocar en la cruceta para recoger los objetos lo más rápido posible!). Bastará con un viaje de 30 minutos para llenar tu mochila hasta los topes.

- Cada vez que subas de nivel, se te recompensará con unos cuantos ítems:

Nivel	Experiencia requerida	Objetos recibidos
1	0	-
2	1.000	15 poké balls
3	2.000	15 poké balls
4	3.000	15 poké balls
5	4.000	10 pociones, 1 incienso, 10 revivir
6	5.000	15 poké balls, 10 pociones, 10 revivir, 1 incubadora
7	6.000	15 poké balls, 10 pociones, 10 revivir, 1 incienso
8	7.000	15 poké balls, 10 pociones, 5 revivir, 10 bayas frambu, 1 módulo cebo
9	8.000	15 poké balls, 10 pociones, 5 revivir, 3 bayas frambu, 1 huevo suerte
10	9.000	15 poké ball, 10 superpoción, 10 revivir, 10 bayas frambu, 1 incienso, 1 huevo suerte, 1 incubadora, 1 módulo cebo

Nivel	Experiencia requerida	Objetos recibidos
11	10.000	15 poké balls, 10 superpoción, 3 revivir, 3 bayas frambu
12	10.000	20 súper balls, 10 superpociones, 3 revivir, 3 bayas frambu
13	10.000	15 súper balls, 10 superpociones, 3 revivir, 3 bayas frambu
14	10.000	15 súper balls, 10 superpociones, 3 revivir, 3 bayas frambu
15	15.000	15 súper balls, 20 hiperpociones, 10 revivir, 10 bayas frambu, 1 incienso, 1 huevo suerte, 1 incubadora, 1 módulo cebo
16	20.000	10 súper balls, 10 hiperpociones, 5 revivir, 5 bayas frambu
17	20.000	10 súper balls, 10 hiperpociones, 5 revivir, 5 bayas frambu
18	20.000	10 súper balls, 10 hiperpociones, 5 revivir, 5 bayas frambu
19	25.000	10 súper balls, 10 hiperpociones, 5 revivir, 5 bayas frambu
20	25.000	20 ultra balls, 20 hiperpociones, 20 revivir, 20 bayas frambu, 2 inciensos, 2 huevos suerte, 2 incubadoras, 2 módulos cebo
21	50.000	10 ultra balls, 10 hiperpociones, 10 revivir, 10 bayas frambu
22	75 000	10 ultra balls, 10 hiperpociones, 10 revivir, 10 bayas frambu
23	100.000	10 ultra balls, 10 hiperpociones, 10 revivir, 10 bayas frambu
24	125.000	10 ultra balls, 10 hiperpociones, 10 revivir, 10 bayas frambu

Nivel	Experiencia requerida	Objetos recibidos
25	150.000	25 ultra balls, 20 pociones máximas, 15 revivir, 15 bayas frambu, 1 incienso, 1 huevo suerte, 1 incubadora, 1 módulo cebo
26	190.000	10 ultra balls, 15 pociones máximas, 10 revivir, 15 bayas frambu
27	200.000	10 ultra balls, 15 pociones máximas, 10 revivir, 15 bayas frambu
28	250.000	10 ultra balls, 15 pociones máximas, 10 revivir, 15 bayas frambu
29	300.000	10 ultra balls, 15 pociones máximas, 10 revivir, 15 bayas frambu
30	350.000	30 ultra balls, 20 pociones máximas, 20 revivir máximos, 20 bayas frambu, 3 inciensos, 3 huevos suerte, 3 incubadoras, 3 módulos cebo
31	500.000	10 ultra balls, 15 pociones máximas, 10 revivir máximos, 15 bayas frambu
32	500.000	10 ultra balls, 15 pociones máximas, 10 revivir máximos, 15 bayas frambu
33	750.000	10 ultra balls, 15 pociones máximas, 10 revivir máximos, 15 bayas frambu
34	1.000.000	10 ultra balls, 15 pociones máximas, 10 revivir máximos, 15 bayas frambu
35	1.250.000	30 ultra balls, 20 pociones máximas, 20 revivir máximos, 20 bayas frambu, 2 inciensos, 1 huevo suerte, 1 módulo cebo
36	1.500.000	30 ultra balls, 20 pociones máximas, 10 revivir máximos, 20 bayas frambu
37	2.000.000	20 ultra balls, 20 pociones máximas, 10 revivir máximos, 20 bayas frambu
38	2.500.000	20 ultra balls, 20 pociones máximas, 10 revivir máximos, 20 bayas frambu

Nivel	Experiencia requerida	Objetos recibidos
39	3.000.000	20 ultra balls, 20 pociones máximas, 10 revivir máximos, 20 bayas frambu
40	5.000.000	40 ultra balls, 40 pociones máximas, 40 revivir máximos, 40 bayas frambu, 4 inciensos, 4 huevos suerte, 4 incubadoras, 4 módulos cebo

4.11. Cómo subir rápidamente de nivel

Otra de tus metas como entrenador pokémon será sin duda alcanzar el nivel máximo. Por ahora, el tope está en el nivel 40, y, aunque te parezca poco porque has tardado dos semanas en subir al nivel 20, pronto descubrirás que a partir de ahí la cosa se complica. La cantidad requerida para subir de nivel va aumentando de forma exponencial, es decir, que la experiencia necesaria para llegar al siguiente nivel se dispara de uno al otro. He aquí los números:

- Para llegar hasta el nivel 7 se necesitan 21.000 puntos de experiencia.
- El nivel 20 se alcanza con 210.000 puntos de experiencia.
- Para llegar al 30 necesitarás 2.000.000 de puntos de experiencia.
- Y hasta el 40 se interponen 20.000.000 de puntos de experiencia.

Pero que no te preocupe en exceso el nivel en el que te encuentras. Tengas el nivel que tengas, los Pokémon que aparecen a tu alrededor son los mismos que los que le aparecen a los demás entrenadores. Lo único que cambiará será el PC al que los encuentres (así que siempre podrás mejorarlos con caramelos, en el caso de que encuentres un buen Pokémon a nivel bajo).

Antes de explicar los mejores métodos para subir de nivel, echemos un vistazo a las bonificaciones de experiencia que nos brinda Pokémon GO

Acción	Experiencia
Atrapa un Pokémon con una bola curva	10
Atrapa un Pokémon con un tiro «bueno»	10
Atrapa un Pokémon con un tiro «genial»	50
Visita una poképarada	50 por 3 ítems/ 100 si la parada te da 6 o más objetos
Debilita a un Pokémon en un entrenamiento de gimnasio amigo	50 (+50 por cada uno más que debilites)
Atrapa un Pokémon con un tiro «excelente»	100
Atrapa cualquier Pokémon	100
Captura 100 Pokémon de una misma especie	100
Gana una batalla de gimnasio contra un Pokémon	100 por Pokémon (+50 por derrotar a todos los del gimnasio)
Eclosiona un huevo de Pokémon de 2 km	200

Acción	Experiencia
Eclosiona un huevo de Pokémon de 5 km	500
Consigue un nuevo Pokémon	500
Evoluciona a un Pokémon	500
Eclosiona un huevo de Pokémon de 10 km	1.000

Actualmente la manera más eficiente de subir de nivel es combinando el huevo suerte y las evoluciones de los Pokémon. Para hacer esta explicación más sencilla, hablaré de Pidgey:

- Lo primero que tienes que hacer es capturar una ingente cantidad de Pidgey. Para no quedarte sin espacio en tu bolsa de Pokémon, quédate solo con el número exacto de Pidgey que puedas evolucionar (es decir, que si tienes 36 caramelos, como su evolución cuesta 12, quédate con 3 Pidgey) y transfiere el resto para acumular más caramelos.
- Usa un huevo suerte.
- Evoluciona sin parar todos los Pidgey para los que tengas caramelos suficientes (en los 30 minutos que dura el huevo se pueden evolucionar entre 50 y 70 Pokémon, dependiendo de lo rápido que seas) y transfiere a los Pidgeotto que no interesen para

acumular más caramelos y continuar con el proceso.

El motivo por el que este es el mejor método para subir de nivel es que cada evolución aporta 500 puntos de experiencia, lo cual se dobla hasta los 1.000 al utilizar un huevo suerte (y si no tenías antes el Pokémon evolucionado, la evolución te dará otros 500 puntos que se doblarán, es decir, en total 2.000 puntos de experiencia por una sola evolución). Como evolucionar a un Pidgey con 12 caramelos aporta la misma experiencia que evolucionar a un Ivysaur con 100 caramelos, el pequeño pajarito se convertirá rápidamente en uno de tus mejores amigos. Lo mismo sucede para Caterpie y Weedle, que también evolucionan con 12 caramelos. Rattata es el Pokémon más habitual dentro de las evoluciones de 25 caramelos.

Acumula caramelos y Pokémon que evolucionar antes de usar el huevo. ¡Ya sabes, al menos 50 para no malgastar el codiciado huevo suerte!

La segunda técnica más extendida para subir de nivel es también la razón por la que los puntos en los que se juntan varias paradas están repletos de entrenadores. Consiste en lo siguiente:

- Acércate hasta un punto en el que se junten al menos tres o cuatro poképaradas. Es decir, que dentro de tu rango

Cortesía de macburg3r desde Mas d'en Gall

puedas recoger sus objetos sin moverte.

- Lleva algunos módulos cebo o compradlos entre unos cuantos amigos. Si se trata de un lugar muy frecuentado, seguramente puedas aprovecharte de los módulos de los entrenadores que se encuentren allí (pero no olvides colaborar de vez en cuando).
- Utiliza un huevo suerte.
- Intenta atrapar todos los Pokémon que salgan, en especial aquellos cuya evolución cueste 12 o 25 caramelos: Pidgey, Caterpie, Weedle y Rattata.
- Evoluciona a todos los Pokémon que seas capaz mientras no haya más Pokémon que capturar.

Con esta segunda opción ganarás el doble de experiencia también al capturar cada Pokémon y por los tiros «bien», «genial» o «excelente». Y si eres capaz de calcular cuándo eclosionará un huevo, ¡te beneficiarás igualmente del doble de experiencia!

5

Falsos mitos de Pokémon GO

A pesar de su corta vida, Pokémon GO amasa un buen número de leyendas urbanas de las que deberías saber la verdad. Porque, si bien no importa mucho pensar que Mewtwo puede salirte en cualquier esquina y que no termine haciéndolo, salir a por Pokémon de tipo agua mientras llueve solo va a aportarte un buen resfriado.

- El primer falso mito que debes conocer es precisamente el que relaciona las probabilidades de que aparezcan determinados Pokémon dependiendo de la climatología. Aunque es un elemento que Niantic debería considerar y que puede que en el futuro deje de ser un falso rumor, actualmente no es cierto que aparezcan más Magikarp por el hecho de que esté lloviendo, o Gastly cuando la niebla se hace con las calles. Sin embargo, sí que es verdad que en aquellos lugares más cálidos aparecen más Pokémon de tipo fuego y tierra. Pero ¡este es el único caso

Cortesía de castresano desde el Pilar de Zaragoza.

en el que el clima se relaciona con los Pokémon! Y tampoco esperes que los días especialmente calurosos incidan en esta estadística; es algo que se programa cada cierto tiempo.

- Eevee no evoluciona dependiendo de sus ataques básicos ni especiales. Por desgracia, no hay forma de saber si tu cachorrillo se convertirá en Vaporeon, Flareon o Jolteon. (Pero ¡recuerda que antes de tener ninguno de estos tres Pokémon puedes forzar la evolución una única vez utilizando el truco de los nombres! Por orden: Rainer, Pyro y Sparky.)

- Aunque quepa la posibilidad de que al acercarte a un cementerio te asalte un Pokémon de tipo fantasma, lo mismo podría pasar en el sofá de tu casa. Por tanto, ¡no es cierto que en los cementerios se escondan Pokémon de este tipo!

- El peso y la altura de tus Pokémon definitivamente no los hace ni más fuertes ni más débiles. Un Arcanine de 50 kilos que mida 1 metro puede ser más poderoso que otro de 150 kilos y 2 metros y medio, y esto lo explican sus IV (individual values) y los movimientos básicos y especiales que posean.

- Será mejor que no creas en el extendidísimo mito que dice que puedes recoger las poké balls del suelo cuando no aciertas en tu lanzamiento. ¡No, no y no!

- Es imposible conseguir los Pokémon exclusivos de otras regiones (Mr. Mime, Kangaskhan, Tauros y Farfetch'd) eclosionando huevos de Pokémon. Es decir, que un huevo que hayas encontrado en Europa solo tiene la posibilidad de contener un Mr. Mime, por ejemplo.

- Por último, ten en cuenta que los Pokémon legendarios todavía no han sido liberados. Está previsto que aparezcan en un futuro, seguramente mediante un evento que organice Niantic en el que varios entrenadores luchen por derrotarlo, o quizá solo estarán disponibles en ciertos puntos del mundo. Pero, por ahora, Articuno, Moltres, Zapdos, Mew y Mewtwo no caminan por nuestras calles.